Max Linde
Edvard Munch

SEVERUS Verlag

Linde, Max: Edvard Munch. Person und Kunst als Boten der Zukunft.
2019
Neuauflage der Ausgabe von 1905
ISBN: 978-3-96345-218-5

Korrektorat: Sarah Schwerdtfeger
Satz: Sarah Schwerdtfeger

Umschlaggestaltung: Annelie Lamers, SEVERUS Verlag
Umschlagmotiv: www. pixabay.com

Bibliografische Information der Deutschen Nationalbibliothek: Die
Deutsche Nationalbibliothek verzeichnet diese Publikation in der
Deutschen Nationalbibliografie; detaillierte bibliografische Daten
sind im Internet über https://dnb.de abrufbar.

Der SEVERUS Verlag ist ein Imprint der Bedey & Thoms Media GmbH,
Hermannstal 119k, 22119 Hamburg

SEVERUS Verlag, 2019
http://www.severus-verlag.de
Gedruckt in Deutschland
Der SEVERUS Verlag übernimmt keine juristische Verantwortung
oder irgendeine Haftung für evtl. fehlerhafte Angaben und deren
Folgen.

Max Linde

Edvard Munch
Person und Kunst als Boten der Zukunft

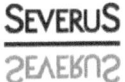

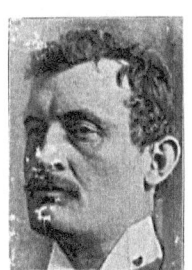

Dr. Max Linde

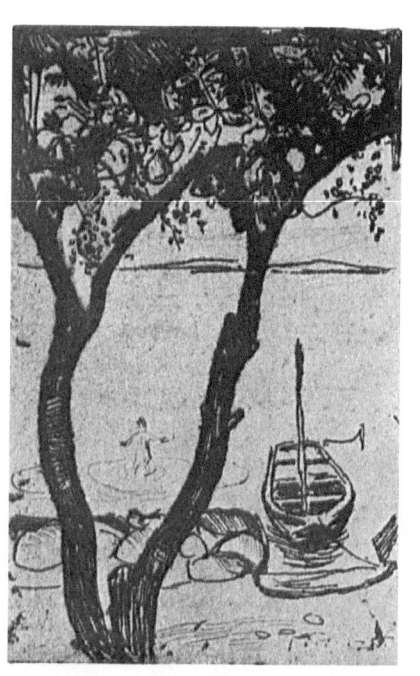

Inhaltsverzeichnis

Edvard Munch 5

Abbildungsverzeichnis 41

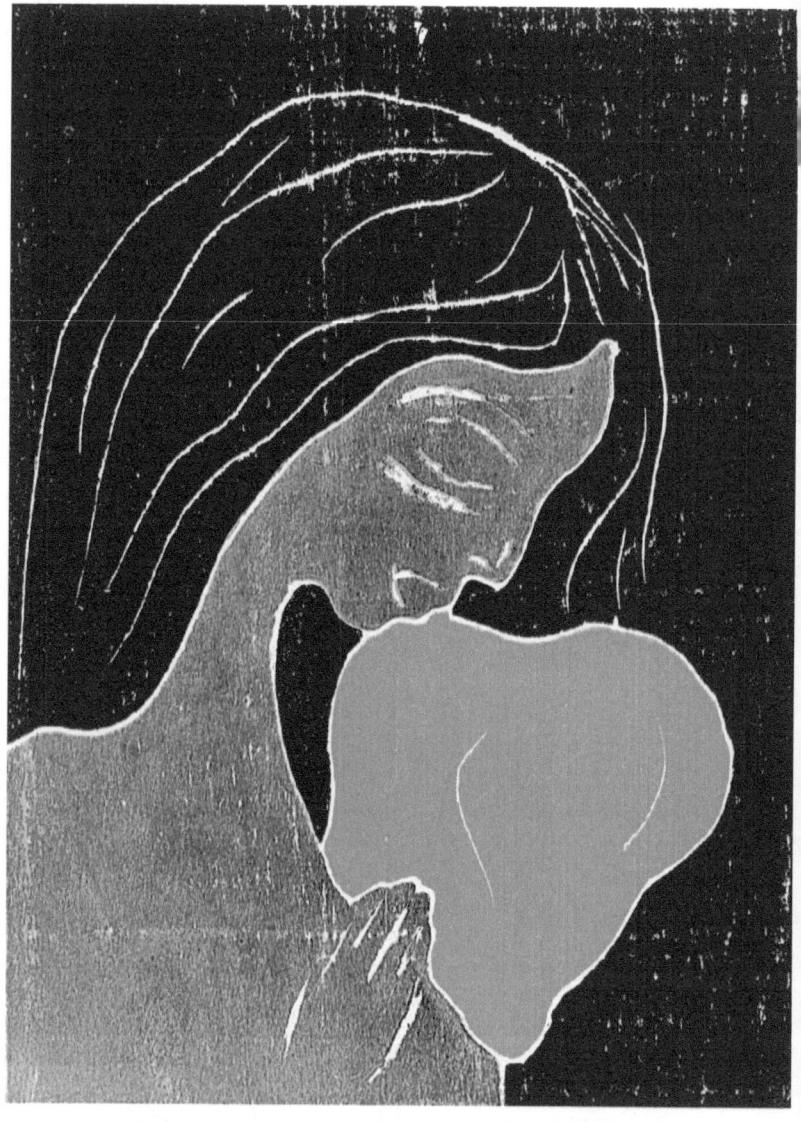

Jede neue Kunst bedeutet eine Geschmacksumbildung des bislang Gültigen, und da eine solche Umwertung nicht plötzlich geschaffen werden kann, vielmehr langsam sich bildet, so wirkt das Neue zunächst befremdend, abstoßend, feindlich. Es bedarf längerer Zeit, bis die anfangs geblendeten Augen sich an ungewohntes Licht gewöhnt haben.

Auch *Edvard Munchs* bisheriges Wirken war ein Leiden ohne Anerkennung. Das Ungewohnte, ungemein Persönliche, das sich in seinen Werken ausspricht, die brutal kraftvolle Art seiner Formensprache, das Schwerverständliche seiner Ideen, der überfließende Reichtum seiner Fantasie, alles hindert, seine Kunst schnell zu einer Allerweltskunst zu machen.

Munch ist einer der großen Einsamen, einer, der unbekümmert um alle Widersprüche nur sich und seiner Kunst lebt, der in rastlosem, fieberhaftem Schaffen nur seinem inneren Drange folgend, auf seinen Bahnen ruhig vorwärts wandelt. Weder Hunger und Entbehrung noch Hohn und Spott, weder bittere Enttäuschung noch Verfolgungen aller Art konnten ihm etwas anhaben. Wie Lachen des Siegers klingt es aus manchem seiner Blätter, allerdings auch wie leises Klagen über prometheisches Schicksal. Denn ganz ohne künstlerischen Niederschlag sind seine Leiden nicht geblieben.

Durch sein ganzes Werk zieht sich ein gewaltiger, dem großen Ringen seiner kräftigen künstlerischen Persönlichkeit entsprechender Ernst. Nirgends entdeckt man bei ihm eine Oberflächlichkeit, eine Banalität; überall packt er die Probleme mit äußerster Leidenschaft und bemüht sich in heißem Ringen, dem rohen Stoff künstlerisches Leben einzuhauchen. Und nicht nur auf Durchgeistigung des Stoffes ist sein Streben gerichtet, sondern auch auf das ernste Studium der Natur. Das Handwerksmäßige der Malerei hat er nie verachtet oder hintangesetzt im Gegensatz zu so vielen vom Tiefsinn Erfassten der neueren Zeit.

***

Bereits lässt sich in den verschiedenen Kulturländern gleichzeitig in den Künsten, in der Dichtkunst so gut wie in der bildenden, das Bestreben erkennen – gewissermaßen eine Reaktion gegen die Alleinherrschaft des Naturalismus –, dem Inhaltlichen neben der Form wieder sein Recht werden zu lassen.

Wir leben am Ausgang der großen Epoche des allein auf Naturbeobachtung begründeten Impressionismus. Eben ist Zola zu Grabe getragen werden, der begeisterte Prophet dieser Kunst, während sich über dem anderen Großen, *Édouard Manet* längst das Grab geschlossen. Noch leben *Claude Monet*, noch *Edgar Degas*.

Ewig groß wird und soll das bleiben, was der Impressionismus am Ende des vorigen Jahrhunderts geschaffen hat. Und doch, es ist eine Periode, muss eine solche sein so gut, wie die voraufgegangene École de Barbizon eine Periode war, welcher eine andere folgen musste. In einer gewaltigen Täuschung lebt der, welcher da glaubt, dass in dem Impressionismus die Kunstformel für alle Ewigkeit gefunden sei. Tatsächlich gehört aber der Impressionismus heute bereits der Geschichte an, welche nie stillsteht, da stets neue Probleme auftauchen werden, solange es suchende Geister gibt.

Es handelt sich für den Einsichtsvollen darum, nicht in denselben Fehler zu verfallen, wie beim ersten Auftreten Manets, als die Bilder dieses Künstlers vor den Stöcken der erzürnten Menge geschützt werden mussten. Die Aufnahme, welche Munch jetzt bei der Kritik findet, sieht derjenigen, welche Manet in den siebziger Jahren erdulden musste, verzweifelt ähnlich. Es wiederholt sich alles in der Geschichte.

***

Der Impressionismus verdankt seine Bedeutung dem Umstande, dass einige *Malergenies* kamen, welche die wissenschaftliche Tatsache, dass das Licht ambiant sei, künstlerisch verwerten konnten. Und doch glauben einige, Manets große Tat sei eine Entdeckung gewesen. Als ob ein Entdecker einer wissenschaftlichen Tatsache hierdurch ein Künstler wird! Die Impressionisten sind aber umso weniger Entdecker als schon vor ihnen einige Maler das Ambiante des

Munch und der Impressionismus

Lichtes darzustellen wussten. Schon auf den Gemälden des Velasquez sehen wir, dass Luft und Licht sich zwischen Auge und Objekt befinden, dass Reflexe die Lokalfarbe aufheben, dass Farben sich durch Kontrastwirkungen verändern. Aber erst die Impressionisten ziehen die Konsequenz nach allen Seiten, und so bilden ihre Werke eine Gebietserweiterung der Kunst, eine Etappe auf dem Wege ewiger Wandlung des Schönheitsbegriffes durch die Menschheit seit Jahrtausenden.

Die Impressionisten waren also große Künstler, welche die Natur mit Maleraugen ansahen. Eins aber war ihnen allen gemeinsam – und darin besteht das Wesentliche dieser Epoche: die *Bevorzugung der Oberfläche*, also des rein Malerischen vor dem Inhaltlichen. Landschaft, Bäume, Mensch, alles wird Stillleben, alles löst sich in zitternde Reflexe auf, wird Träger des Lichtes und der Farbe, wird Valeur. Und dieses Prinzip wird mit unerhörter Kühnheit durchgeführt. Besonders Manet war die ganze Welt, die Frauen, das Meer, alles, was sein Malerauge entzückte, ein Stillleben. Noch auf dem Sterbebette malt er die Früchte, welche seine Freunde ihm bringen, bevor er sich an ihnen labt, malt die Blumen, welche ihm an sein Schmerzenslager gestellt werden. Die Oberfläche der Dinge ist es, die er liebt. So benutzt auch Degas seine Tänzerinnen zu einem Bouquet von Farben und Linien. Selbst das Porträt wird, wie Whistler dies in höchster Vollendung erreicht, zum Valeur und farbigen Arrangement. Das eigentlich Künstlerische liegt bei allen diesen Malern in der Art, wie der Natureindruck, gewissermaßen die Außenhaut der Natur, in die Kunstsprache übersetzt, in künstlerische Handschrift übertragen wird.

Dementsprechend wandelt sich durch den Impressionismus auch der Begriff eines Kunstwerkes. Das nie in der Kunstgeschichte ruhende Pendel bewegt sich mit äußerstem Anschlag nach der Seite der Form. Ein Kunstwerk wird nach Zolas Definition un coin de la création vu a travers un tempérament. Das also, was der Künstler Wesentliches aus seinem Inneren zu dem gesehenen Stück Natur hinzutut, gerade das Spezifische, wird durch Temperament bezeichnet. Diese Definition ist eben den Impressionisten auf den Leib geschrieben.

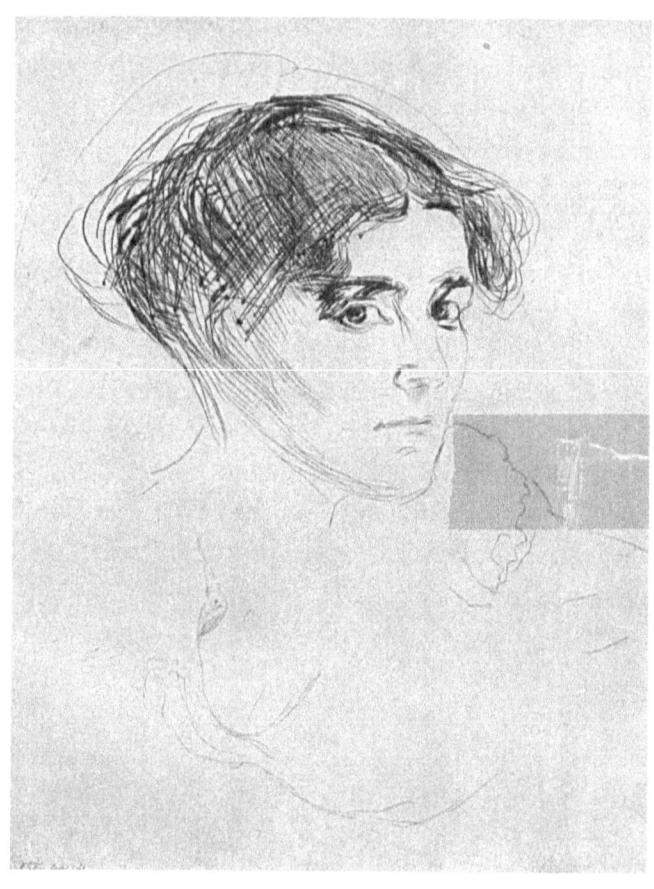

Unmöglich aber, die Werke eines Rembrandt, Michelangelo, Böcklin, Rodin in dieser Definition unterzubringen. Das Stück Natur, von welchem diese Künstler in ihren Werken ausgingen, tritt ganz zurück. Das, was Zola Temperament nennt, wird zur künstlerischen Ekstase, durch welche eine neue, schöpferische Umgestaltung der Naturwerte eintritt, eine Umwertung, welche aus seelischen Lust- oder Schmerzempfindungen entspringt. Das Ungenügende der Zolaischen Definition wird hier klar. Wir sehen hier, wie mit dem Auftreten bedeutender Künstler sich die z. Z. gültige Form ändert. Jede künstlerische Persönlichkeit schafft sich erst seine Formensprache.

In die von den Impressionisten gefundene Kunstformel passt aber z. B. Böcklins Kunst nicht hinein. Es gibt außer dieser noch andere, so gut wie Rodins Kunst uns zeigt, dass es außer der Antike noch andere Kunstformen der Plastik gibt. Eine Definition welche für alle zu gelten hätte, müsste lauten: „Ein Kunstwerk ist der formvollendete Ausdruck des Empfindens einer starken Persönlichkeit".

Je mehr aber das psychische Element – nennen wir es Weltanschauung – des Künstlers dominierend hervortritt, umso weniger ist die gerade Linie der Tradition, durch welche er mit der voraufgegangenen Kunst verknüpft ist, deutlich erkennbar.

So auch bei Munch.

In seiner Weltanschauung steht er völlig selbständig als scharf umrissene künstlerische Persönlichkeit da. Er erinnert an keinen vor ihm, ist ein Novum.

In seiner Ausdruckssprache dagegen, in seinem Stil, seiner Handschrift lässt er deutlich die Fäden erkennen, welche ihn mit der Kunst der Vorgänger verknüpfen. Ganz traditionslos kann kein Künstler sein. So kräftig auch die Imponderabilien: Vererbung, Individualität, Nationalität sein mögen, seine Umgebung – und zu dieser ist das Stück vorgefundener

Kunst zu rechnen – trägt dazu bei, ihn zu modeln. Munch hat sowohl die Stilform der Japaner, wie auch den Impressionismus in sich aufgenommen. Besonders mit Manet verknüpft ihn die Art der großen Vereinfachung, des summarischen Sehens, des Fortlassens alles Nebensächlichen, Störenden, kurz die große Selbstbeschränkung.

Da aber alle seine Werke Selbstbefreiung seiner Seele von irgendwelchen Lust- oder Schmerzempfindungen sind, so ist klar, dass seine Bilder, welche in sich voller Tonschönheit sind, eine dekorative Bildwirkung nicht im Sinne der Japaner entfalten können. Das dekorative Element ist bei Munch anders wie bei Japan – nicht der einzige Schöpfungsgrund. Er geht vielmehr weit hinaus über das, was die Japaner geschaffen, und entwickelt somit auch den dekorativen Stil Japans zu einer neuen Kunstform.[1]

---

1 So haben nach Auftreten des Impressionismus schon verschiedene Künstler neue Bahnen beschritten: nach der farbig dekorativen Seite die Schotten, auch Dill, und Neoimpressionisten nach der stilistisch dekorativen unter Einfluss Japans eine große Menge Künstler aller Nationen z. T. mit archaisierenden Anklängen – ich erinnere an Toroop, Willumsen, Melchers, Van Gogh, Munthe, Gallén, Denis von denen der bedeutendste in Deutschland wohl T. T. Heine ist. Auch nach der inhaltlichen Seite unter Wahrung der von den Impressionisten gefundenen Lichtwerte, hat *Max Liebermanns* Kunst, in welcher sich alle von Millet, den Impressionisten und Rembrandt über Israels ausgehenden Strahlen wie in einem Brennpunkt treffen, die sei-

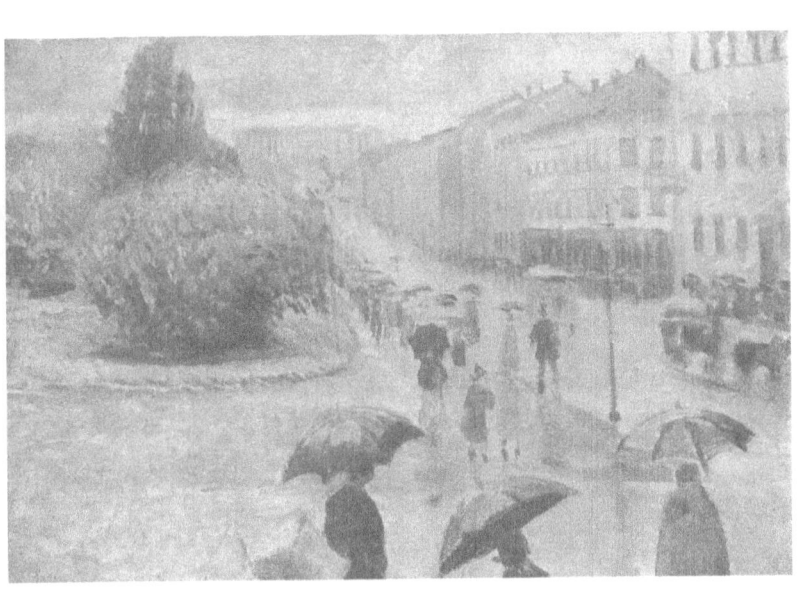

Die ungeheure Vereinfachung seiner Naturformen ist von solchen, welche sich mit ihm beschäftigen, als Unfähigkeit gedeutet, im Sinne der Naturalisten zu malen. Ein Blick auf die zahlreichen Porträts und seine vielen Naturstudien zeigt die Unrichtigkeit dieser Ansicht. Wenn er sich auf das Typische der Erscheinung beschränkt, so ist diese Vereinfachung die Frucht einer gewaltigen Selbstzucht: nur das unumstößlich Notwendige einer Erscheinung wird herausgeschält, der Kern derselben mit den sparsamsten Mitteln gegeben. Einfachheit und Beschränkung ist aber stets das Zeichen des Meisters.

Offenbar, weil man diese Selbstzucht nicht verstand, hat man Munch Brutalität des Ausdrucks vorgeworfen, genauso, wie seiner Zeit der Kunst Manets. Man hat sich eben noch nicht gewöhnt, die Natur so einfach zu sehen. Die Zeit wird uns dies schon lehren.

***

<small>Farben-, Lichtwirkung</small>

Munchs Werke, welche von innen herausgehoben sind, sind zunächst Selbstzweck. Er hält es für eine Erniedrigung wie auch Böcklin dies tat, wenn der

---

ner Vorgänger weiter entwickelt. Dieses großen Künstlers alter, durch die Dünen keuchender Mann, seine Netzflickerinnen, seine Invaliden sind mehr als Objekte für Sonnenstrahlen. Es sind Menschheitstypen, empfunden mit einem Herzen voll Mitleid und Erbarmen, gesehen mit dem Auge der großen Liebe zur Natur, dargestellt mit den Mitteln des Impressionismus.

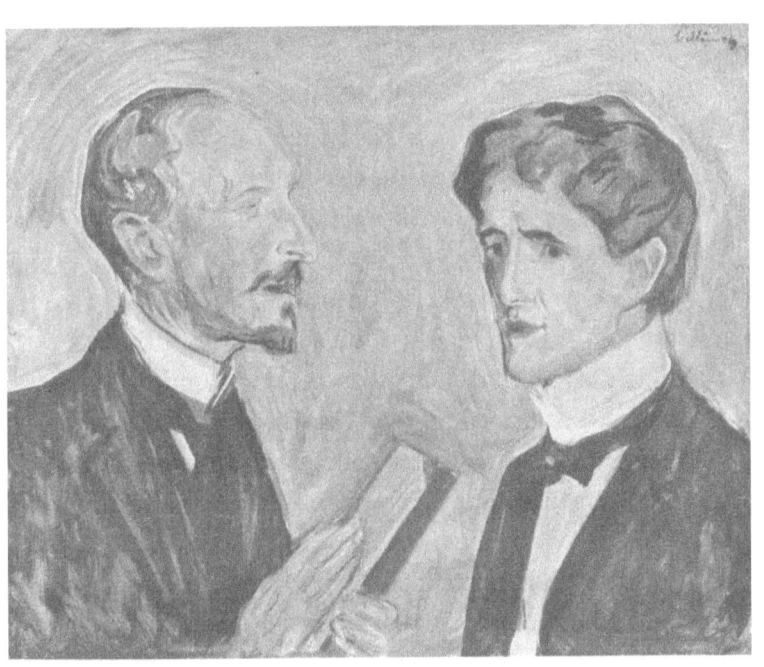

freie Künstler seine Flügel binden und seine Kunst einer dekorativen Wirkung unterordnen soll. Seine Gemälde wirken aber dekorativ, weil sie in Farbe, Lichtführung und Linie in sich harmonisch sind.

Munchs Palette ist vornehm, abgewogen. Die Farben stehen kraftvoll gegeneinander, ungeheuer bestimmt. Dieselbe Selbstverständlichkeit, welche sich in seiner Person ausdrückt, überträgt er auf seine Bilder. Es gibt wenige Künstler, welche die Farben so leuchten lassen. Viele Bilder haben eine Transparenz wie Glasgemälde.

Nicht minder kräftig und wirkungsvoll ist die Verteilung von Hell und Dunkel auf seinen Bildern. Munch ist ein ebenso bedeutender Luminist wie Farbenkünstler, wie er auch die Linien einfach und stets grandios durch seine Bilder zu führen weiß. So besonders in seinen Radierungen, Holzschnitten und Steindrucken. Munchs universelles Genie und seine manuelle Geschicklichkeit beherrschen die schwie-

Radierungen rige Radiertechnik spielend. Oft im Café, ja auf der Straße sind seine Platten entstanden, die er nicht selten nur mit der kalten Nadel ritzte. Zumal finden sich in seinem Radierwerk Porträts, die zu den bedeutendsten gehören, welche die Radierkunst je geschaffen. Mit wenigen Strichen weiß er Köpfe von monumentaler Größe auf die Platte zu zaubern. Stets kommt das Wesentliche ungekünstelt heraus. Die Führung der Nadel ist immer geistreich, sie und die Behandlung der aqua tinta verrät nie ein Schema. Auf jeder Platte verwendet er eine andere, jedes Mal dem

Stoffe angepasste Technik; bald ist die Zeichnung von großer Weichheit, bald von kräftiger Breite, bald wie mit der Axt herausgehauen.

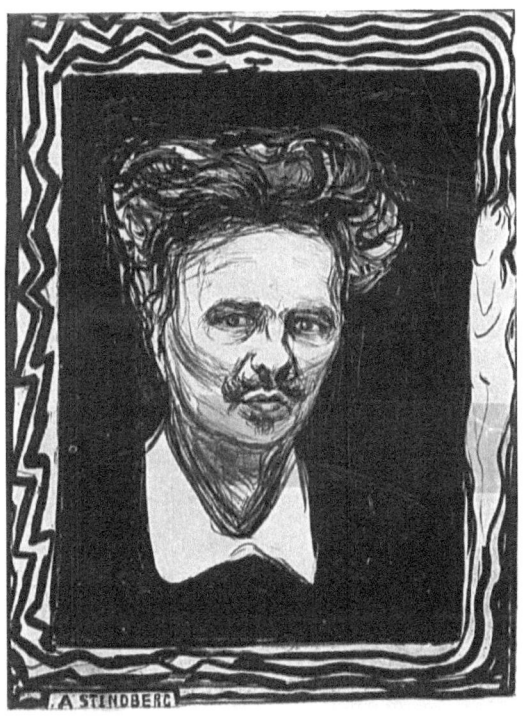

Auf das höchste ist Munchs monumentaler Stil in den *Holzschnitten* gesteigert. Und wenn es selbst Menschen geben sollte, denen Munch in seinen Gemälden unverständlich bliebe, hier vor seinen Holzschnitten wird keiner leugnen können, dass er vor Kunstwerken von ewigem Werte steht. Welche Kraft, welche Fülle von malerischen Gedanken, welche Geschlossenheit des Ausdrucks offenbart sich hier! Der Zyklus vom

Holzschnitte

Weibe, feierlich in Lapidarstil vorgetragen, wirkt wie eine Tragödie.

Er benutzt bei seinen Holzplatten die Quermaserung des Holzes, nicht das Hirnholz zum Druck und erzielt durch die Belebung der Fläche durch das Holz malerische Wirkungen. Die meisten Schnitte sind mehrfarbig. Die Technik ist von großer Einfachheit, aber von umso größerer Wucht.

***

Weltanschauung Jede auch noch so grandiose Formensprache ist ein Instrument ohne Klang, wenn sie nicht ein Mittel ist, das zu offenbaren, was des Künstlers Seele bewegt. So mächtig Leibls Malerei ist, hinter diesem Malgenie steht zwar ein solider Mensch, aber keine Künstlerseele. Die Zukunft wird mehr verlangen: *Weltanschauung* persönlicher Art, nicht nur Geschmack, den auch ein Nichtkünstler besitzen kann. Ein Künstler muss uns etwas zu sagen haben, mehr als das, wie er die Natur sieht, sondern, was er bei ihrem Anblick empfindet.

In Munchs Kunst ist alles Erdenschwere überwunden. Sie wird bei ihm zu einer völlig neuen schöpferischen Art, die Empfindungen uns mitzuteilen, welche das Wort nicht mehr auszusprechen vermag, Empfindungen, welche tief im Inneren seines Wesens schlummerten.

Er taucht tief in die Probleme unserer heutigen Zeit. So vielseitig unser Leben ist, so vielseitig auch

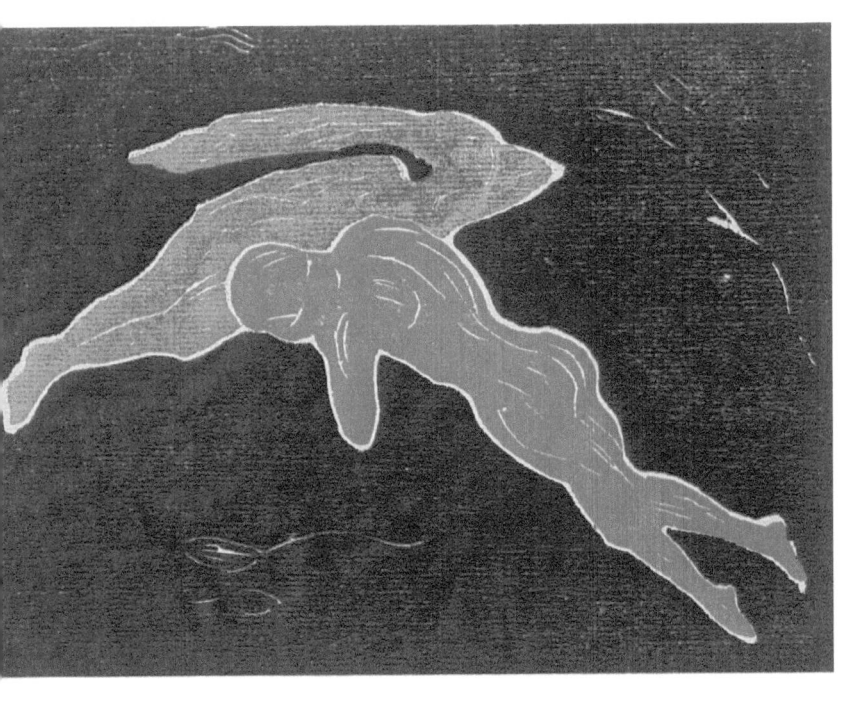

seine Kunst. Zu jedem Geschehnis, zu jeder Stimmung seines inneren Lebens nimmt er künstlerisch Stellung. Sei es, dass er das ewige Rätsel, das Weib, sei es, dass er die Beziehung des Menschen zum All, Tod und Vergänglichkeit in den Bereich seiner Kunst zieht: er schuf nichts, das er nicht selbst erlebt hätte.

Stets offenbart sich in seiner Kunst die ernst und groß angelegte Natur. Seinem ernsten Wesen liegt der Humor fern. Er ähnelt hierin seinem großen Landsmann Ibsen. Das Leben ist ihm eine Kristallisation, Natur, Menschheit, Kunst, Religion eine große Einheit, aus einer Urquelle entstanden. Soweit stimmt er mit der Antike und der von antikem Geiste durchwehten Kunst Arnold Böcklins überein. Während aber in Böcklins Kunst sich die olympische Ruhe der Alten mit dem heiteren Lebensgenusse paart, spricht in Munchs Werken der moderne Mensch zu uns.

Stil Munchs Seele ist von dem Zwiespalt der modernen Zeit zerrissen. Die individuelle Künstlernatur wird durch tausend Bande unserer Zeit an den Felsen gefesselt, auf welchem der Künstler, ein anderer Prometheus, sich verblutet. Und der Adler, welcher nach der alten Sage, dem Künstlerdulder die Leber aushackt, naht sich auch den Großen unserer Zeit.

Die antike Welt war einheitlich. Dem Individualismus des froh genießenden Menschen wurden durch Gesellschaft oder Staat keine oder geringe Schranken gezogen. Durch das Christentum aber und die durch dasselbe erzeugte gesteigerte Rücksichtnahme auf unsere Mitmenschen, durch die Umkehrung des

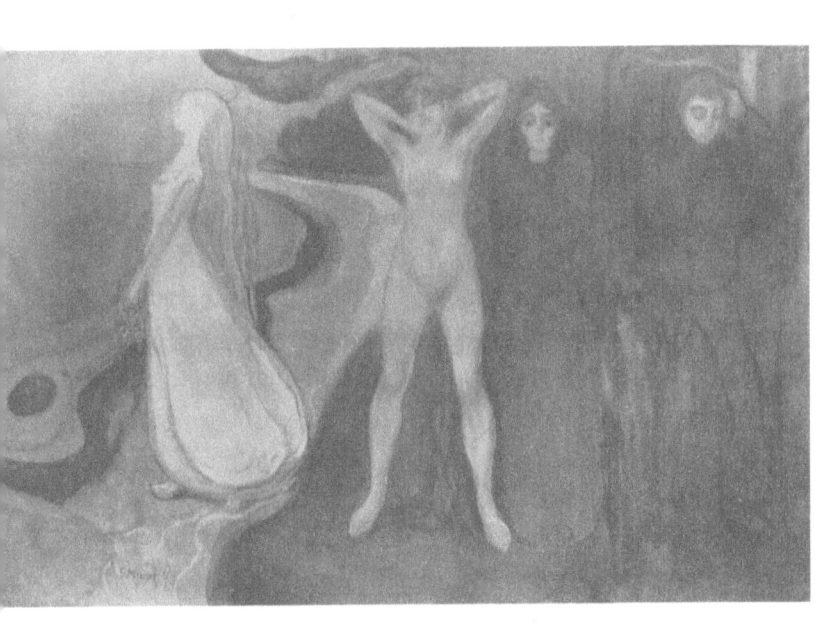

Rechtes des Stärkeren in das des Schwächeren, hat sich unser Empfinden verfeinert, Mitleiden, Liebe zum Nächsten, Verhältnis zur Familie, Gesellschaft, Staat, Kirche, Gesetz, Natur, alle die feinen ethischen Begriffe zu einer vielfachen Größe gesteigert. Und im Widerstreit dieser komplexen Größe mit der Individualität, mit anderen Worten: im Gegensatz zwischen Gesetzmäßigkeit und Einzelwesen, liegt, wie Professor Dr. Georg *Simmel* in einem geistvollen Aufsatze über „Rodins Plastik und die Geisteserscheinung der Gegenwart"[2] kürzlich ausführte, das Wesentliche unseres modernen Lebens. „Der Einzelne", sagt Simmel, „mag weder auf seine Einzigkeit und auf sich selbst ruhende Besonderheit verzichten, noch auf die innere Notwendigkeit seines Seins und Thuns, die wir als Gesetzmässigkeit bezeichnen. Dies aber erscheint uns unerträglich; denn unser Gesetzesbegriff, an der Naturwissenschaft und am Recht gebildet, schliesst immer Allgemeinheit ein, Gleichgiltigkeit gegen das Individuelle, Unterordnung des Einzelnen unter eine für Alle giltige Norm. Daher gilt auf inneren wie äusseren Gebieten die Sehnsucht dem, was man das individuelle Gesetz nennen möchte, der Einheit einer rein persönlichen, von aller blossen Verallgemeinerung freien Lebensgestaltung mit der Würde, Weite, Bestimmtheit des Gesetzes."

Und was Simmel in der Kunst Rodins erkennt, gilt auch von der Munchs: „Jede Form zeichnet das

---

2 „Zeitgeist" Beiblatt z. Berlin. Tageblatt, Nr. 39, 1902.

Anschauen und Empfinden eines individuellen Menschen unmittelbar nach. Deshalb zeigt jede seiner Figuren eine Freiheit, die in der vorbehaltlosen Nachgiebigkeit jedes einzelnen und äusseren Zuges gegen den Sinn und Impuls des Ich besteht."

„Das Problem, das uns auf allen Gebieten bedrängt, wie das rein individuelle Dasein doch ein gesetzmässiges sein könnte, wie man den Anspruch allgemeiner Normen: zu gelten, weil sie für andere gelten – ablehnen können, ohne in Anarchie und wurzellose Willkür zu verfallen, dies Problem hat die Kunst Rodins gelöst, wie die Kunst eben geistige Probleme löst: nicht in Prinzipien, sondern in einzelnen Anschauuungen".

Auch Munch gelang es, seine individuelle Freiheit sich zu wahren, ohne in Zügellosigkeit zu verfallen, indem er sich innere Gesetze auferlegte, die seine zur Gesetzlosigkeit strebende Persönlichkeit bändigten. Nicht nur gibt er sich seinen eigenen Stil, so markant, so originell, so einfach, wie er seiner Kunst entspricht, sondern er kennt auch die Grenzen seiner Kunst, über welche hinaus er sich nicht wagen darf. Wie oft ist von seinen Zeitgenossen hiergegen gesündigt! Wie viele meinen, sie seien schon Künstler, wenn sie viel Fantasie haben und verlieren sich dabei ins Uferlose. Munch aber hat festen Boden unter den Füßen, weil er ein großer Könner ist.

Man hat Munchs Kunst als *zerebrale* bezeichnet und Parallelen mit der *Maeterlinks* gezogen. Mit Unrecht. In der Tat ist des Letzteren Kunst eine zerebrale, vielfach mit dem Verstande durchgearbeitete, herausgetüftelte, mehr studierte als empfundene. Das ist ihre Schwäche. Maeterlinks Kunst ist schemenhaft, bleichsüchtig, Munchs gesund, kraftstrotzend. Sicher spielt bei Munch das Cerebrum eine Rolle, aber mehr der *Wille* als der Verstand. Überhaupt ist ja die Dichtkunst diejenige unter den Künsten, welche des Verstandes am wenigsten entraten kann, – am meisten die Musik; in der Mitte steht etwa Malerei und Plastik.

<small>Das Traumhafte</small> Eins aber hat er mit Maeterlink, Stephan George, Mallarmé, Przybyszewski auch Strindberg gemein. Er ist ein feiner Seelendeuter eine Hamletnatur, die gerne grübelt und sinnt. Er liebt die Dämmerungserscheinungen des Seelenlebens zu ergründen, jene Zustände, die dem Gedanken und der Tat voraufgehen und noch unter der Schwelle des Bewusstseins schlafen. Spielen doch diese traumhaften Seelenzustände in unserem Leben noch eine größere Rolle, als die bewussten Empfindungen und Handlungen. So wird er Interpret dieser „subcortikalen" d. h. nicht durch die Großhirnrinde vermittelten, geheimen Regungen. Das Geheimnisvolle, Unerklärliche, Wunderbare, welche unseren Affekten und Leidenschaften zu Grunde liegt, weiß er mit Meisterschaft zum Ausdruck zu bringen. Man sehe das unter dem Eindrucke der Suggestion stehende Mädchen, welches aufmerksam der Einflüsterung einer Stimme lauscht, man studiere das Gemälde Eifersucht: welchem Künstler vor Munch ist es gelungen, solche Seelenregungen zu bannen? Es ist

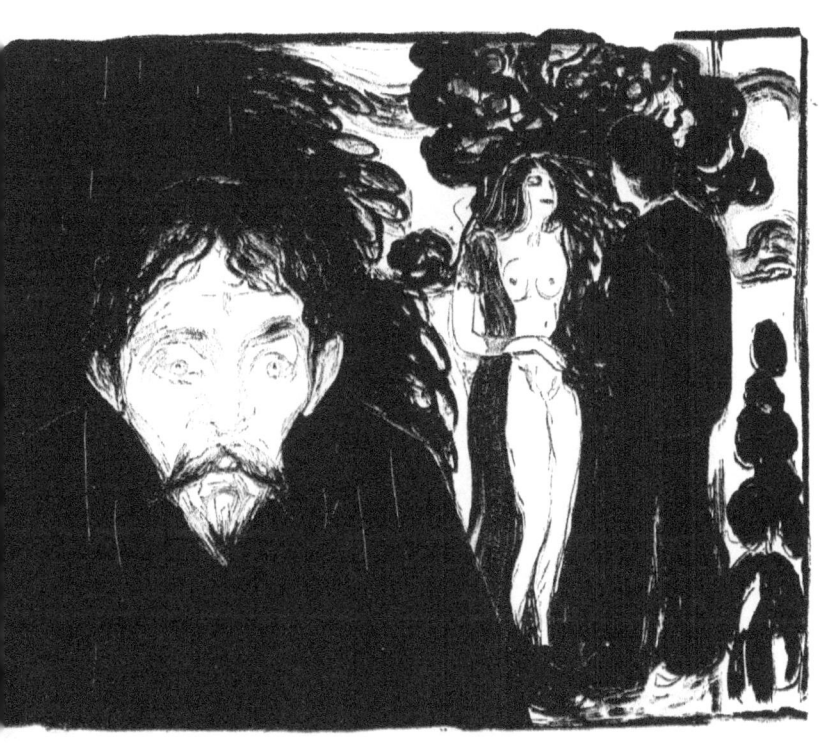

erstaunlich, welche scheinbar unmöglichen Probleme seine Kunst bemeistert. In dieser Beziehung gleicht ihm nur einer der Modernen und das ist *Rodin*.

Beide Künstler gehen an die äußerste Grenze des Darstellungsfähigen, indem sie die noch von Handlung entfernte seelische Erregung in eine Form zu bringen wissen; bei beiden ist, wie schon bemerkt, die scheinbare Regellosigkeit ihrer vorwärts drängenden, ungestümen Natur zum Stil geworden.

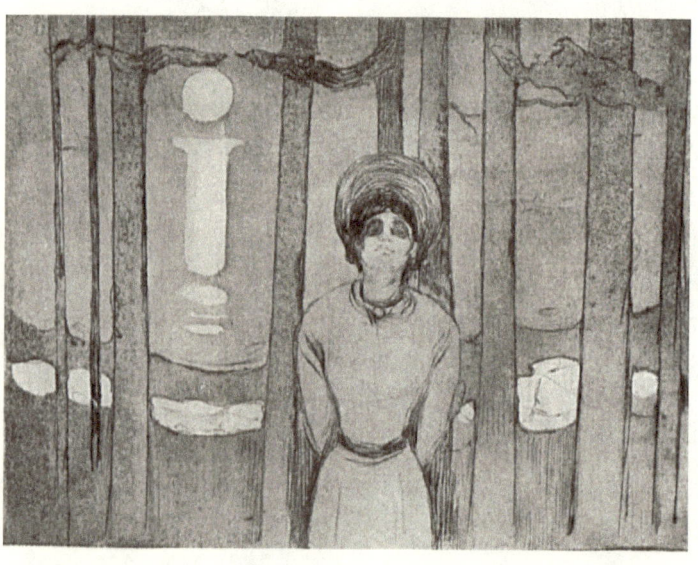

Wer z. B. Munchs Radierungsblatt: „Trost" aufmerksam betrachtet, fühlt, wie unter den Armen der tröstenden Gestalt der schluchzende Mädchenleib erzittert. Noch mehr wird die geistige Verwandtschaft zwischen Rodin und Munch in dem Radierungsblatt des sich umschlungen haltenden Menschenpaares offenbar, das den Variationen Rodins über den Kuss entspricht. Hier ist eine Kongenialität vorhanden, welche deutlich auf den gemeinsamen Mutterboden unseres modernen Lebens hinweist.

Und sehr bezeichnend ist es, dass der Plastiker Rodin bei dem Nackten Halt macht, während der Maler Munch die Idee noch weiter künstlerisch zu gestalten weiß. Das Radierungsblatt ist noch nicht Munchs letztes Wort. Die Natur muss noch mehr überwunden, vereinfacht, stilisiert werden. So sehen wir erst in dem Holzschnitt, welcher das gleiche Menschenpaar in gleicher Stellung zeigt, das Thema in grandioser Art in das Monumentale gesteigert.

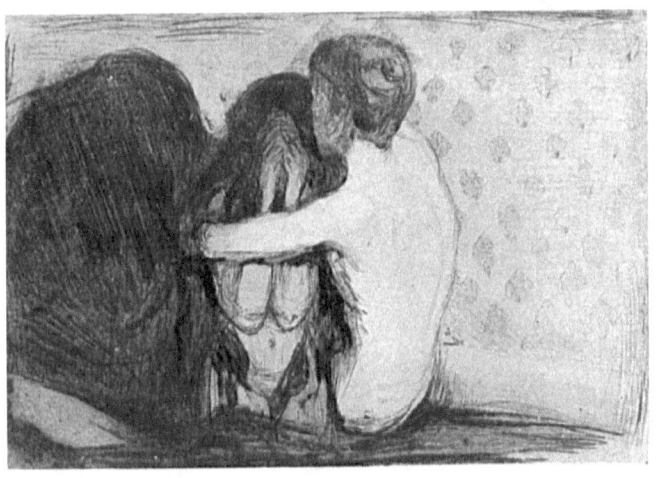

Besonders treffen wir auch beide in der Vorliebe der Darstellung des Naturhässlichen, eines Gebietes, welches, von der antiken bildenden Kunst gemieden, erst die großen Meister neuerer Kunst dämonisch anzog.

Das Hässliche

Das Hässliche wird durch die Kunst zur Tragik. Wie in dem Drama das dem menschlichen Leiden innewohnende Abstoßende verklärt und zum Mitleid geführt wird, so auch in der bildenden Kunst. Aus dem Naturhässlichen entsteht etwas Neues ein Dissonanzakkord von besonderem Zauber. So ist heute die Skala des Darstellbaren ins Unermessliche gestiegen. Unsere Kunst ist reicher, umfassender als die Kunst der Alten. Und die Größten von Dürer, Grünewald, Rembrandt bis auf Liebermann, Degas, Rodin haben gerade in ihrer Stellungnahme zum Hässlichen das Umfassende in ihrer Kunst gezeigt.

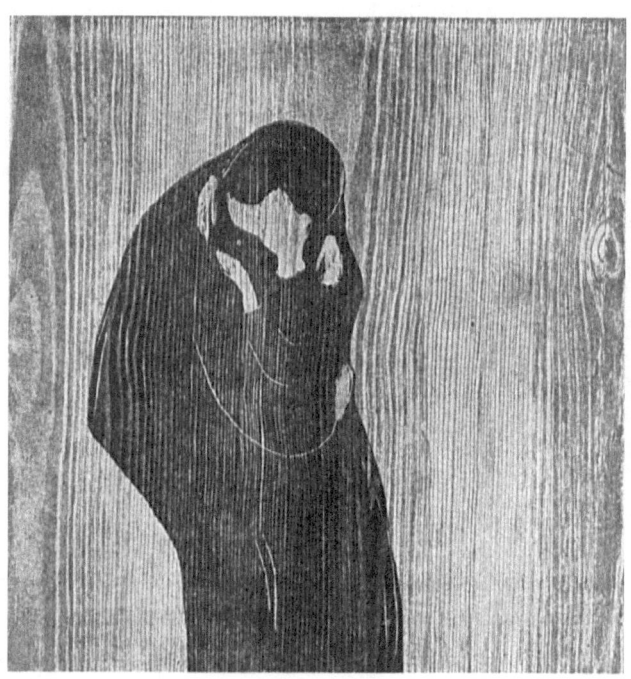

Man vergleiche nun z. B. Rodins belle Heaulmiére, jene ausgemergelte, zum Skelett abgemagerte Gestalt, deren einstiger Schönheit die hängenden Brüste, die welke Hand, der geschwollene Leib Hohn sprechen, mit Munchs alten Spitalweibern, mit den Szenen aus dem Sterbezimmer, und man wird bei beiden Künstlern finden, wie durch den Anblick Ströme von Empfindungen des Erbarmens und Mitleidens sich in uns ergießen. Mag Munch uns den Neidischen, den von Angst Überwältigten darstellen: immer werden wir, auch bei den niedrigsten Affekten von seiner Kunst angezogen. Ein solches Blatt ist auch das von der toten Mutter. Wie aus Marmor gemeißelt, ragt das bleiche Haupt der Toten aus dem Bette heraus. Das Kind, das sich ihr ahnungslos genähert, wird beim Anblick des Todes vom Grauen erfasst. Mit weit aufgerissenen Augen wendet es sich; es will schreien, kann aber nicht. Nur alle Muskeln des Gesichtes verziehen sich krampfartig vor Angst, während sich die Ärmchen heben. So steht es da, ein furchtbarer Anblick.

Nur Dürer oder Rethel vermochten solche tragischen Akkorde in unserer Brust anzuschlagen.

Die Parallele Munch – Rodin könnte noch beliebig verlängert werden. Überall wird man in dem Werk beider Meister auf kongeniales Empfinden stoßen. Von einem Gebiet aber, auf welchem sich beide ebenfalls treffen, muss noch besonders die Rede sein; von dem des *sexuellen Problems*. Das Sexuelle

Auch zu ihm nimmt Munch Stellung, wie zu allen großen Fragen unserer Zeit. Das Proteusartige des

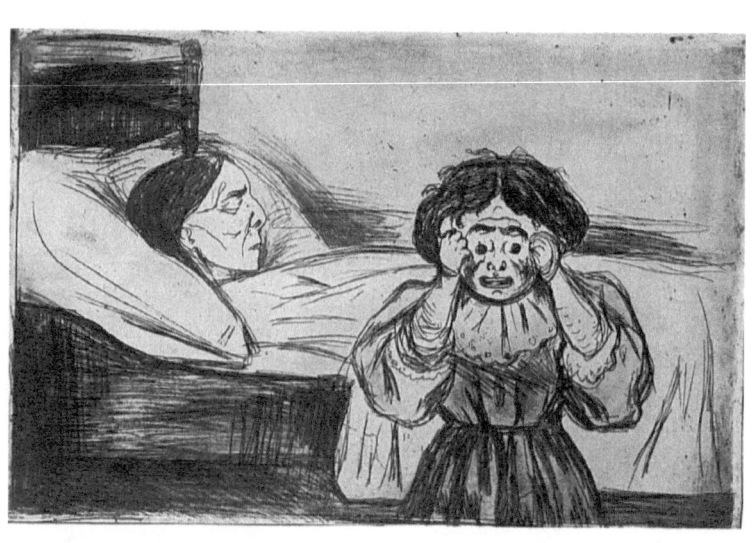

Problems, das überall in veränderter Gestalt, bald als Frauen-, bald als soziale Frage, bald als Sitten-, bald als Naturgesetz auftritt, hat ihn, wie alle bedeutenden Geister unserer Zeit gefesselt und beschäftigt. Künstlerisch findet er sich im Zyklus vom Weibe mit ihm ab. Er nähert sich in seiner Anschauung mehr der antiken Auffassung, welche in der Anziehung und Abstoßung der Geschlechter das tiefste Weltgeheimnis erblickte und sie in einem Kult, den eleusinischen Mysterien, eng mit der Religion verwob. Munch geht noch weiter. Bei ihm wird die Geschlechtsanziehung zur Sehnsucht nach Fortdauer des Einzelwesens, nach der Frucht, dem Kinde. Sie ist ihm nicht mehr Selbstzweck, Erotik, wie etwa bei Marie Madeleine, Verlaine, Stuck u. a., sondern im Natursinne: ein Gesetz zum Fortleben nach dem Tode. Es ist eins bei ihm: Werden und Vorgehen, Zeugung und Tod, ein Urgesetz kosmischen Ursprungs.

So empfindet in Munchs tief ergreifendem Gemälde „Monna"[3] die in Wonnen erschauernde Gestalt das Glück kommender Mutterschaft. Munch hat diese Idee auf einem gleichnamigen Steindrucke weiter entwickelt. Auf einem anderen im Besitz des Verfassers befindlichen Gemälde ertönt das Hohelied der Mutterschaft. Die erwartende Mutter steht unter dem mit Früchten behangenen Baum. In seligem Glück blickt sie auf die Schale mit reifer Frucht in ihrer Hand, wäh-

---

3 Anm. des Verlags: Vermutlich handelt es sich um einen Fehler im Original und es ist „Madonna" gemeint.

rend sie in ihrem Schoße das werdende Kind spürt. Ein von ihrem Körper ausgehender Schein strahlt in das All.

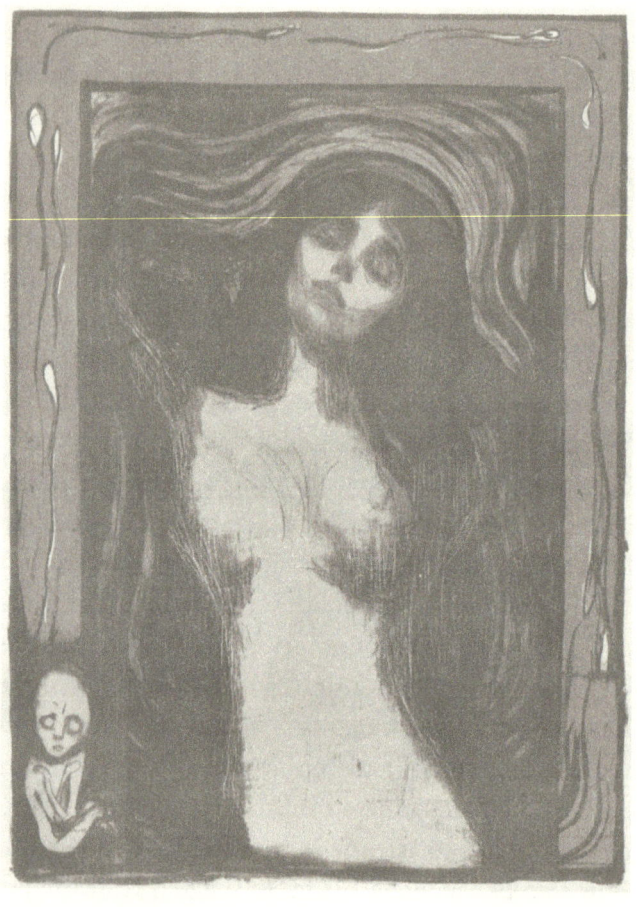

Munch fasst also das Sexuelle anders als die Mehrzahl der Künstler unserer Zeit, jenseits von Gut und Böse. Also anders als namentlich Tolstoi und auch Ibsen, bei welchen das Unlösbare, nie zu vereinigende zwischen Sitten- und Naturgesetz, schneidend zum Ausdruck kommt. Anders auch als Rodin, bei welchem die Menschheit unter dem ewigen Gesetz steht, das ihn unbewusst führt und leitet, einem Gesetz, das ihn egoistisch zur Leidenschaft, zur Ekstase treibt, aber auch befähigt, ein anderes Wesen zu beglücken. Eine ähnliche lyrische Auffassung der Liebe findet sich auch bei Dehmel, während bei Goethe ganz die antike abgeklärte Einheit von Natur und Sittengesetz erscheint.

Im vollsten Gegensatze hierzu steht die Auffassung mancher neueren Künstler, besonders Rops, Baudelaire, Huysmans, welche sich mehr der mittelalterlichen kirchlichen wieder nähert. „Aber die Liebe ist das Trübe", so klingt es durch ihre Saiten. Besonders in den Satanismen des Rops wird das Sexuelle zur infernalischen Macht, die Menschheit zu zerstören und zu verderben. Man glaubt einen Zeitgenossen der Teufelskulte des Mittelalters zu vernehmen.

Munch zeigt auch in der Stellungnahme zum Sexualproblem seine ernste, doch gesunde norwegische Natur, indem er gewissermaßen die antike Anschauung des Naturrechts mit der modernen vom Kindesrecht verbindet.

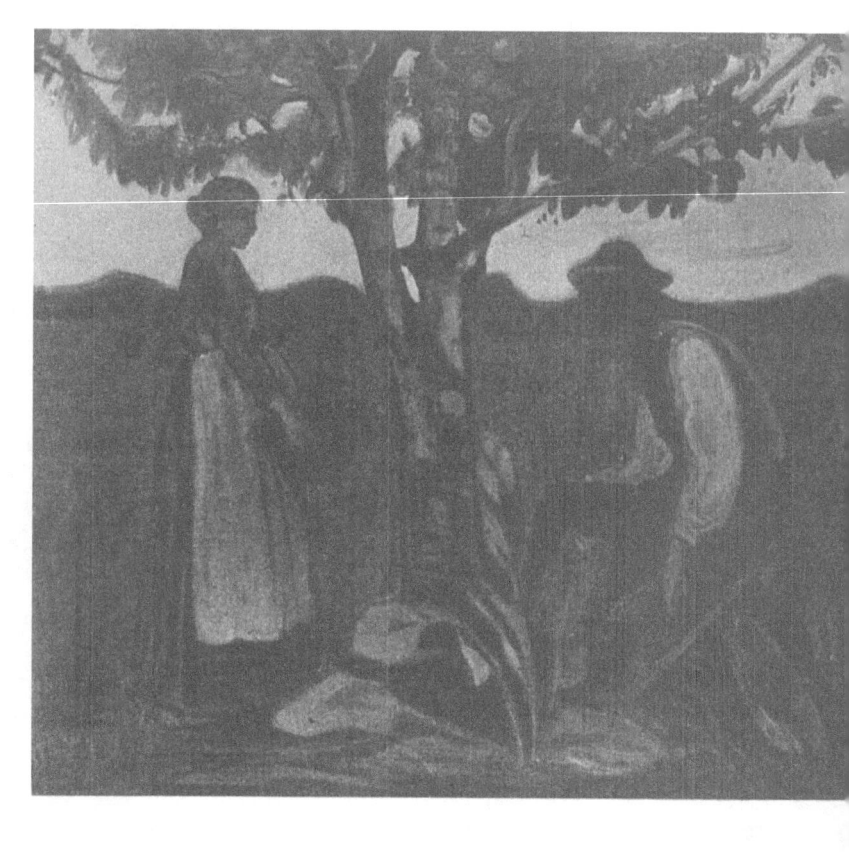

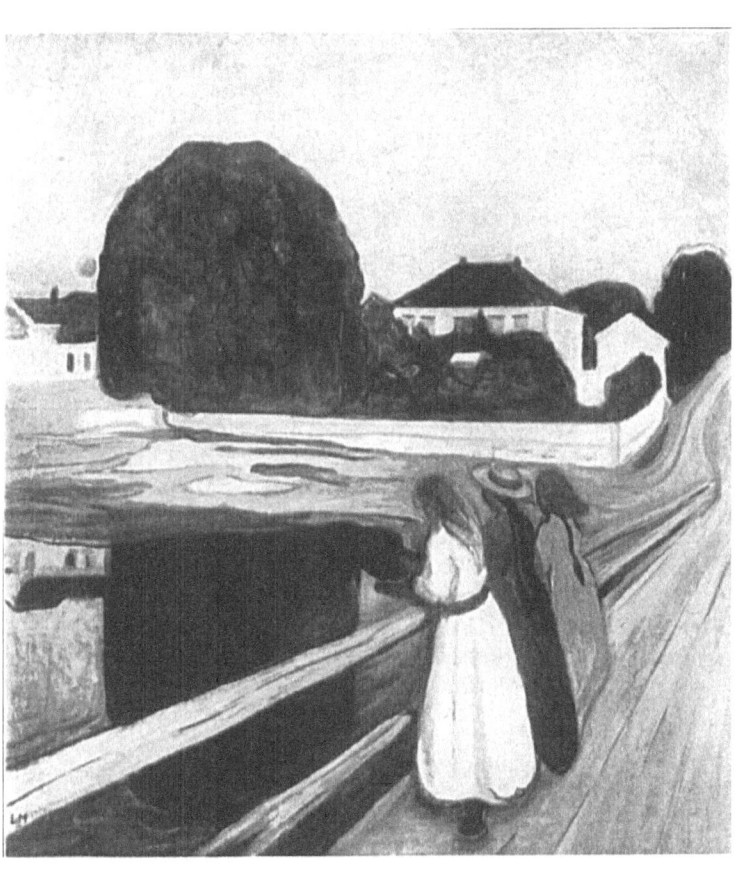

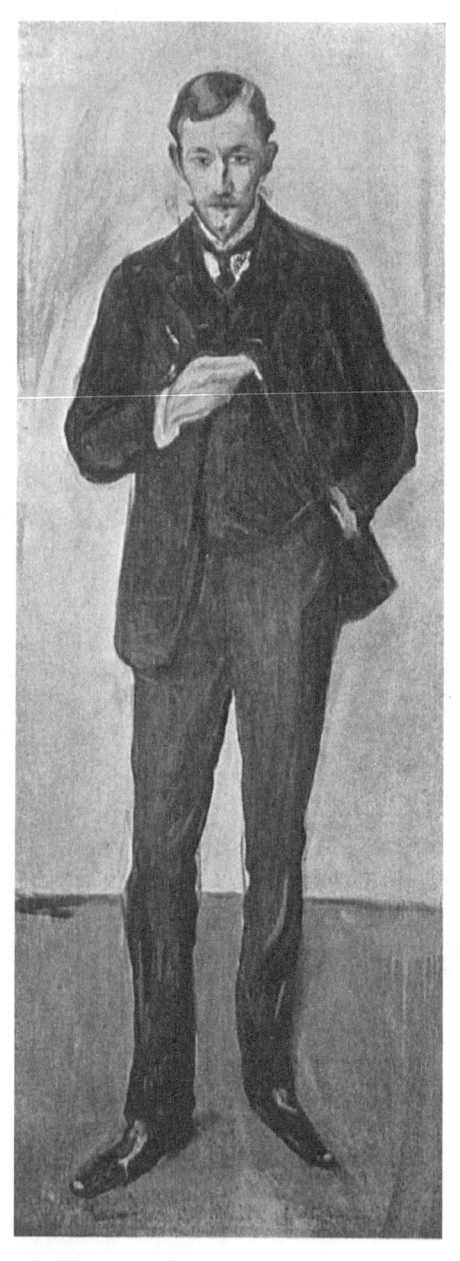

***

So lernen wir in Munch einen Künstler von tiefem Ernste kennen, der nichts erlebt, dem er nicht in dieser oder jener Form Gestalt zu verleihen wüsste. Seine Kunst ist mit seinem Herzblut geschrieben. Immer stellt er seine persönliche Weltanschauung den Ereignissen, Erfahrungen und Problemen unserer Zeit gegenüber. Nie verliert er sich aber auch in Fantastereien. Er bleibt Künstler. Und deshalb wird seine Kunst von ewigem Werte sein, sie wird nicht übersehen werden können, so gut wie man Rodins oder Dürers Kunst nicht übersehen kann. Man wird sich, wenn nicht jetzt so später, abfinden müssen mit der Kunst Edvard Munchs als eines Künstlers der Zukunft.

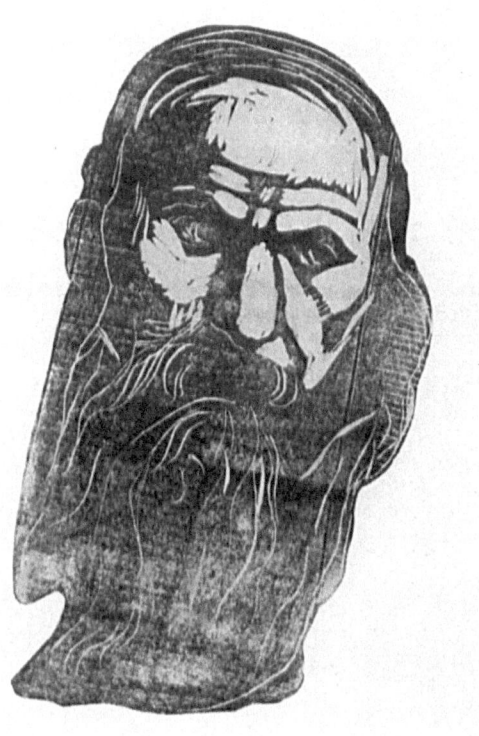

Abbildungsverzeichnis

Landschaft mit einem Boot. 1900 2

Das Herz. 1898–1899 4

Skizze weibliches Porträt 10

Straße in Kristiania. 1889 13

Albert Kollmann und Sten Drevsen. 1901 15

August Strindberg. Lithografie. 1896 17

Treffen im Weltraum. 1899 19

Das Weib. 1899 21

Eifersucht. Lithografie. 1896 25

Sommernacht (die Stimme). Radierung. 1895 26

Trost. 1894 27

Der Kuss. Holzschnitt. 1897 28

Die tote Mutter und das Kind. 1901 30

Madonna. Lithografie. 1895 32

Frau und Mann unter einem Baum 34

Vier Mädchen auf der Brücke. 1889 35

Der Franzose. 1901 36

Alter Mann mit Bart 39

WEITERE TITEL IM
SEVERUS VERLAG

Unsere KUNSTWERKE

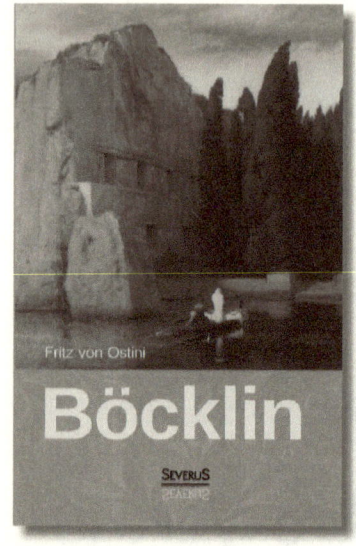

in Fraktur, mit
106 Abbildungen
in schwarz-weiß

Hardcover
132 Seiten
12,0 x 19,0 cm
29,90 EUR
lieferbar

ISBN 978-3-86347-917-6

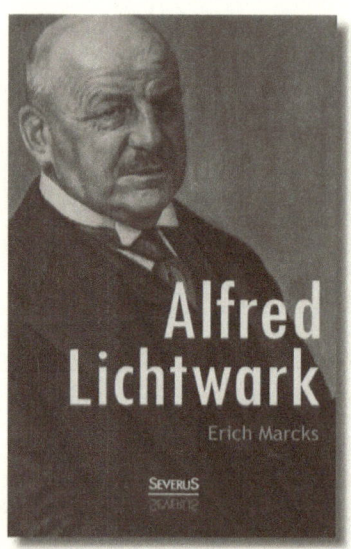

Paperback
52 Seiten
12,0 x 19,0 cm
19,50 EUR
lieferbar

ISBN 978-3-86347-772-1

mehr als StandART

FRITZ VON OSTINI
Arnold Böcklin

„*Form und Farbe müssen sich der Idee unterwerfen.*"
Faune, Nymphen und Göttergestalten: Fritz von Ostini porträtiert in dieser Monographie den deutschen Künstler Arnold Böcklin. Detailgenau und anschaulich hebt er Aspekte und Meilensteine aus der Schaffenswelt des Malers hervor und diskutiert das Lebenswerk eines der wichtigsten Vertreter des deutschen Symbolismus. Untermalt werden Ostinis Ausführungen durch zahlreiche Abbildungen in schwarz-weiß von Böcklins ausdrucksstarken Kunstwerken.
Fritz von Ostini (1861–1927) war ein deutscher Redakteur, Schriftsteller und Humorist.

ERICH MARCKS
Alfred Lichtwark

„*Die Kunst und sein Hamburg blieben ihm Ausgang und Ziel.*"
Alfred Lichtwark war eine der wichtigsten Persönlichkeiten der Hamburger Kunstwelt. Von 1886 bis zu seinem Tode Direktor der Hamburger Kunsthalle und Mitbegründer der Kunstpädagogik, war Lichtwark bekannter Förderer der Hamburger Kunst und seiner Kreativen. Dank seines Engagements besitzt die Hamburger Kunsthalle noch heute eine große Sammlung von Ausstellungsstücken Hamburger und anderer Künstler.
Erich Marcks (1861–1938), deutscher Historiker und Bekannter Alfred Lichtwarks, verfasste diesen Nachruf wenige Zeit nach dessen Tod.

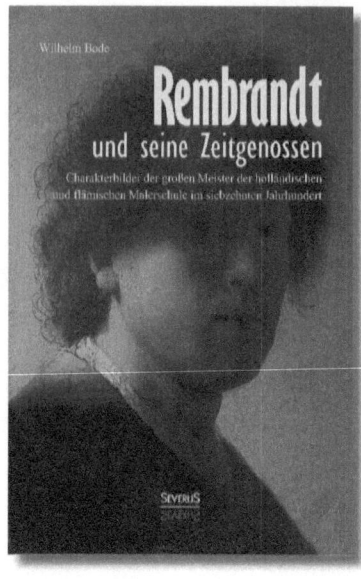

Hardcover
300 Seiten
22,0 x 15,5 cm
34,90 EUR
lieferbar

ISBN 978-3-86347-755-4

WILHELM BODE

Rembrandt und seine Zeitgenossen

Rubens, van Dyck, Vermeer und viele andere

„Ohne Atmosphäre ist ein Gemälde nichts."
Hochbegabt, hochgelobt und am Ende hoch verschuldet: Rembrandt (1606–1669) zählt zu den schillerndsten Künstlern der niederländischen Malerei im 17. Jahrhundert. Die Atmosphäre des Schaffens vom Meister des Barock wird hier in einer Zusammenschau von Kunst, Einfluss und Inspiration eingefangen.

Über Rembrandts Popularität hinaus zeichnet Wilhelm Bode ein Panorama von weiteren bedeutenden Künstlern wie Peter Paul Rubens, Anton van Dyck, Frans Hals, Jan Vermeer und vielen anderen.

KUNST

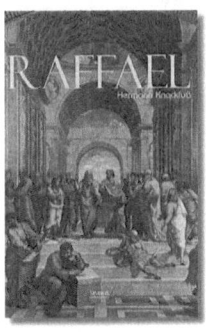

KNACKFUß, HERMANN
Raffael
ISBN 978-3-86347-818-6
128 S., € 34,90 (HC)
ISBN 978-3-86347-819-3
128 S., € 24,90 (PB)

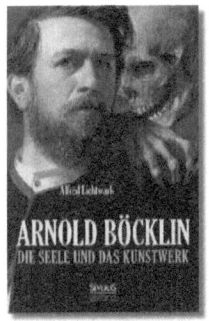

LICHTWARK, ALFRED
Arnold Böcklin. Die Seele
und das Kunstwerk
ISBN 978-3-95801-765-8
132 S., € 34,90 (HC)
ISBN 978-3-86347-702-8
72 S., € 16,90 (PB)

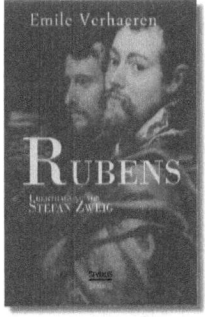

VERHAEREN, ÉMILE
Rubens. Übertragung v. Stefan Zweig
ISBN 978-3-86347-614-4
180 S., € 54,99 (HC)
ISBN 978-3-86347-613-7
180 S., € 34,99 (PB)

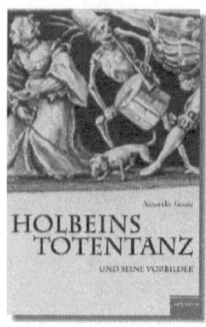

GOETTE, ALEXANDER
Holbeins Totentanz und
seine Vorbilder
ISBN 978-3-86347-381-5
328 S., € 49,50 (HC)
ISBN 978-3-942382-90-8
328 S., € 49,50 (PB)

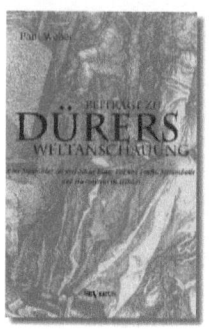

WEBER, PAUL
Beiträge zu Dürers
Weltanschauung
ISBN 978-3-86347-503-1
128 S., € 29,50 (PB)
ISBN 978-3-86347-050-0
128 S., € 29,50 (PB)

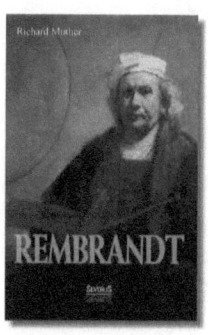

MUTHER, RICHARD
Rembrandt
ISBN 978-3-86347-707-3
84 S., € 24,90 (HC)
ISBN 978-3-86347-799-8
84 S., € 16,90 (PB)

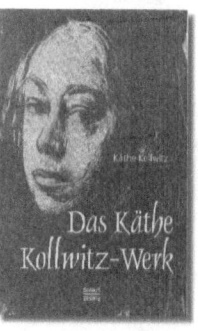

KOLLWITZ, KÄTHE
Das Käthe Kollwitz-Werk
ISBN 978-3-95801-513-5
236 S., € 32,90 (HC)
ISBN 978-3-95801-514-2
236 S., € 27,90 (PB)

www.ingramcontent.com/pod-product-compliance
Lightning Source LLC
Chambersburg PA
CBHW030512220526
45464CB00006B/2766